BEI GRIN MACHT SICH IHR WISSEN BEZAHLT

- Wir veröffentlichen Ihre Hausarbeit,
  Bachelor- und Masterarbeit

- Ihr eigenes eBook und Buch -
  weltweit in allen wichtigen Shops

- Verdienen Sie an jedem Verkauf

Jetzt bei www.GRIN.com hochladen
und kostenlos publizieren

Bibliografische Information der Deutschen Nationalbibliothek:

Die Deutsche Bibliothek verzeichnet diese Publikation in der Deutschen National-
bibliografie; detaillierte bibliografische Daten sind im Internet über http://dnb.d-
nb.de/ abrufbar.

Impressum:

Copyright © 2006 GRIN Verlag, Open Publishing GmbH
Druck und Bindung: Books on Demand GmbH, Norderstedt Germany
ISBN: 978-3-668-15253-3

Dieses Buch bei GRIN:

http://www.grin.com/de/e-book/315990/die-oekumenische-bewegung-begriffe-
geschichte-und-ziele

Rebecca Weber

Die Ökumenische Bewegung. Begriffe, Geschichte und Ziele

Referatsausarbeitung

GRIN Verlag

GRIN - Your knowledge has value

Der GRIN Verlag publiziert seit 1998 wissenschaftliche Arbeiten von Studenten, Hochschullehrern und anderen Akademikern als eBook und gedrucktes Buch. Die Verlagswebsite www.grin.com ist die ideale Plattform zur Veröffentlichung von Hausarbeiten, Abschlussarbeiten, wissenschaftlichen Aufsätzen, Dissertationen und Fachbüchern.

Besuchen Sie uns im Internet:

http://www.grin.com/

http://www.facebook.com/grincom

http://www.twitter.com/grin_com

Referat: Die Ökumenische Bewegung

1.   Was heißt „Ökumene"?

- Erstmal etwas zum Begriff des „Ökumene": das griechische Wort Ökumene (οἰκεουμένη) leitet sich von oikeo (οἰκέω), wohnen, ab und bezeichnete die ganze von Menschen bewohnte Welt (im Gegensatz zu den unbewohnten Regionen der Erde), später dann die gesamte von der hellenistischen bzw. römischen Kultur geprägte Welt (politische Bedeutung)
- In der Alten Kirche bedeutete Ökumene das christliche Imperium bzw. „allgemeine kirchliche Gültigkeit besitzend" (ökumenisch ist demnach, was zum Beispiel auf den ökumenischen Konzilien von Nicäa und Konstantinopel als universal gültig anerkannt wurde)
- Verändert hat sich die Bedeutung des Begriffs dann im Pietismus des 18. Jahrhunderts: man grenzte sich mehr und mehr vom Konfessionalismus ab und begann ein Bewusstsein für die weltweite Zusammengehörigkeit aller Christen zu entwickeln, dies stand im Zusammenhang mit der Missionsidee (Ökumene hatte also einen primär geografischen Gehalt)
- heute verstehen wir heute „Ökumene" als Begriff für die internationalen und interkonfessionellen Einigungsbemühungen der Kirchen

2.   Eure Erfahrungen mit Ökumene

Impuls: Welche Erfahrungen habt ihr mit Ökumene gemacht, wie sieht ökumenische Zusammenarbeit in eurer Gemeinde aus?

3.   Warum überhaupt „Ökumene"? Was ist die Motivation für ökumenische Bemühungen?

Dreifache Motivation:

1) Der Auftrag Jesu

- Der klassische biblische Beleg für die ökumenische Bewegung ist der Auftrag Jesu nach Joh 17,21: „Alle sollen eins sein. Wie du, Vater, in mir bist und ich in dir bin, sollen auch sie eins sein, damit die Welt glaubt, dass du mich gesandt hast."
- Einheit als Wesensmerkmal der christlichen Gemeinde, wie es auch in Credo formuliert ist: „Ich glaube an die eine, heilige, katholische und apostolische Kirche."
- betont wird, dass die Einheit nicht erst verwirklicht werden muss, sondern ihr bereits von Gott gegeben ist (Einheit der christlichen Kirche gründet in der Einheit Gottes)

- Gott hat die Einheit geschenkt, daraus entsteht für die Christen der Auftrag, sie zu bewahren und gegebenenfalls wiederherzustellen

2) Der Missionsauftrag

- die im 19. Jahrhundert entstandene Missionsidee war eine wesentliche Triebfeder für die Entstehung der ökumenischen Bewegung, denn man erkannte, dass es der Glaubwürdigkeit der christlichen Botschaft nur schaden konnte, wenn die Kirche in sich gespalten wäre und sich gegenseitig womöglich noch Mitglieder abwirbt: Barriere für die erfolgreiche Mission

3) Überwindung von Einseitigkeiten

- die Kirchenspaltungen haben dazu geführt, dass die einzelnen Kirchen einseitig geworden sind, indem sie vor allem das betonten, wodurch sie sich von den anderen abgrenzten
- das diente der eigenen Identitätsbildung, hatte aber oft die Einengung des Blicks zur Folge, diese verengte Sichtweise soll in einer Gemeinschaft der Kirchen erweitert werden

4. Die Geschichte der ökumenischen Bewegung

- der ökumenische Gedanke ist keine Neuschöpfung des letzten Jahrhunderts, seit es Spaltungen innerhalb der Kirche gab, existierten auch Einigungsbemühungen
- im Mittelalter zum Beispiel das Konzil von Florenz (1439-1443), Reichstag zu Augsburg (1530) bzw. die Religionsgespräche in Regensburg; aber diese Bemühungen blieben einzelne, episodenhafte Ereignisse und waren damit zu Scheitern verurteilt

- **Die Anfänge der modernen ökumenischen Bewegung**
- das konfessionelle Zeitalter hatte die Trennung zwischen den beiden Kirchen gefestigt, erst die Aufklärung konnte den Einheitsgedanken wieder entstehen lassen, indem sie durch die Forderung nach Toleranz und Betonung der Ethik eine neue Zeitstimmung hervorrief
- in der Folgezeit - ab dem 19. Jh.- förderten besonders die Erweckungsbewegungen den Einheitsgedanken (Graf Nikolaus von Zinzendorf im evangelischen Bereich, Michael Sailer, der spätere Bischof von Regensburg, im katholischen Bereich), zunächst ging es um die konfessionelle Einheit
- auf Weltebene kam es zu konfessionellen Zusammenschlüssen, beispielsweise die Lambeth-Konferenz der Anglikaner 1867 und 1875 der Reformierte Weltbund, 1881 die Ökumenische Konferenz der Methodisten

2

- die interkonfessionelle Idee breitete zunächst sich nicht auf offizieller Kirchenebene aus, sondern durch Initiative einiger christlicher Gruppen und Bewegungen
- vor allem die christliche Jugendarbeit, die Missionsbewegung, die christlich-soziale Bewegung, die Friedens- und die Bibelbewegung trugen maßgeblich zur Verbreitung der ökumenischen Bewegung bei
- hervorgegangen ist die moderne ökumenische Bewegung dann im Prinzip aus 3 grundlegenden Strängen bzw. Bewegungen

1) **Die Missionsbewegung**
2) **Bewegung für Praktisches Christentum (Life and Work)**
3) **Bewegung für Glauben und Kirchenverfassung (Faith and Order)**

Diese Bewegungen setzen sich mit den drei ökumenischen Grundanliegen auseinander:

3 Grundanliegen:

(1) Evangelisierung der Menschheit   => Weltmissionskonferenzen / Weltmissionsrat (ab 1910/1921)

(2) Verpflichtung zu Frieden und sozialer Gerechtigkeit => Life and Work (ab 1920)

(3) Einheit der Kirche selbst => Faith and Order (ab 1910)

1) **Die Weltmissionskonferenz in Edinburgh 1910**
- der Missionsgedanke ist eine entscheidende Triebfeder für die moderne ökumenische Bewegung gewesen und ist im Zusammenhang mit der Kolonialpolitik der Weltmächte zu sehen
- man stellte in den Missionsgebieten fest, dass die innere Zerrissenheit des Christentums eine schlechte Bedingung für die Missionierung der Einheimischen war
- die einzelnen Konfessionen standen in hartem Konkurrenzkampf und warben sich gegenseitig Mitglieder ab   =>   darunter litt die Glaubwürdigkeit der Evangeliumsverkündigung
- 1910 fand dann die Weltmissionskonferenz in Edinburgh (1910) statt, die als Geburtsstunde der modernen ökumenischen Bewegung gilt
- die Konferenz war mit 1335 Delegierten ungewöhnlich groß, allerdings waren die Missionsländer zahlenmäßig nur sehr gering repräsentiert (17 Vertreter aus Asien, aus Afrika und Lateinamerika überhaupt keine Vertreter)

3

- herausragende Rolle spielte der amerikanische Anglikanismus mit seiner ausgesprochen ökumenischen Grundeinstellung, katholische Kirche und die orthodoxe Kirche dagegen waren nicht anwesend
- man verzichtete bewusst auf jegliche Erörterung der kirchentrennenden Fragen des Glaubens, unter anderem, um die zögernden Anglikaner zur Teilnahme zu bewegen

2) Die „Bewegung für Glauben und Kirchenverfassung" (Faith and Order)

1. Weltkonferenz 1927 in Lausanne

- Charles Brent, ein anglikanischer Missionsbischof aus den USA, war zwar tief beeindruckt von diesem ökumenischen Weltereignis, aber er hielt es für dringend erforderlich, sich über die Entwicklung gemeinsamer Missionsstrategien hinaus mit den unterschiedlichen Auffassungen in Fragen der Glaubenslehre und der Kirchenverfassung auseinanderzusetzen, um auf diesem Weg dem Ziel der sichtbaren Einheit von Kirchen näher zu kommen
- Er regte in seiner Kirche parallel zu den Weltmissionskonferenzen die Vorbereitung einer Weltkonferenz über Fragen des Glaubens und der Kirchenverfassung an (Faith an Order), doch durch den Ausbruch des Ersten Weltkrieges kam es erst 1927 in Lausanne zur 1. Weltkonferenz von Faith and Order und damit zur Entstehung eines zweiten Stroms der ökumenischen Bewegung
- Außer der römisch-katholischen Kirche waren bei dieser Weltkonferenz alle großen Konfessionen vertreten; Ökumene bedeutete von da an nur die Einigung der nicht-katholischen Christenheit

3) Die „Bewegung für Praktisches Christentum" (Life and Work)

1. Weltkonferenz 1925 in Stockholm

Motto: „Die Lehre trennt, aber der Dienst vereint"

- Die Eindrücke des Ersten Weltkrieges trugen zur Entstehung von Initiativen zur Friedensförderung bei; es wuchs bei Christen aller Kirchen und Konfessionen das Bewusstsein, es sei die besondere Aufgabe und Verantwortung der christlichen Kirchen, für eine friedliche Lösung politischer und sozialer Konflikte einzutreten
- Damit entstand der dritte Strom der ökumenischen Bewegung: „Bewegung für Praktisches Christentum", an deren Spitze der lutherische Erzbischof von Uppsala (Schweden) Nathan Söderblom stand
- Er versuchte nach Ausbruch des Ersten Weltkriegs, die Kirchen der kriegsführenden und neutralen Länder zu einem gemeinsamen Friedensaufruf zu bewegen

- Nach jahrelangen Bemühungen Söderbloms kam es 1925 zur ersten Weltkonferenz der „Bewegung für Praktisches Christentum" in Stockholm, zu der über 600 Delegierte aus 37 Ländern und von allen Konfessionen anreisten (die katholische Kirche hatte bereits im Vorfeld eine Beteiligung abgelehnt)
- Zusammen arbeiteten sie an friedenspolitischen, wirtschaftlichen und sozialen Fragen

5. Der Ökumenische Rat der Kirchen

Die Gründung des WCC (World Alliance of Churches) bzw. Ökumenischer Rat der Kirchen (ÖRK)

- Im Laufe der Zeit zeigte sich immer deutlicher, dass die Anliegen der beiden Bewegungen (Faith and Order und Life and Work) enger zusammengehörten als ursprünglich angenommen worden war; viele Delegierte arbeiteten ohnehin in beiden Bewegungen mit
- deshalb lag es nahe, beide Bewegungen organisatorisch zusammenzufassen
- der Internationale Missionsrat wurde 1961 dann in den ÖRK integriert
- 1937 fasste man auf den Weltkonferenzen der beiden Bewegungen in Edinburgh und Oxford den Beschluss zur Bildung eines „Ökumenischen Rates der Kirchen"; durch den Ausbruch des 2. Weltkrieges verzögerte sich die Bildung des Ökumenischen Rates bis 1948
- Vertreter von 147 Kirchen aus 44 Ländern kamen dann 1948 in Amsterdam auf der ersten Vollversammlung zusammen, um den ÖRK offiziell zu gründen; die katholische Kirche fehlte (Papst Pius XII. hatte die Teilnahme untersagt); außerdem fehlte die russisch-orthodoxe Kirche
- Als Sitz wählte man Genf in der neutralen Schweiz

Die Mitgliedskirchen des ÖRK

- bei der Gründung zählten 147 Kirchen zum ÖRK, heute gehören 342 Mitgliedskirchen zum ÖRK, die 400 bis 500 Millionen Christen in mehr als 115 Ländern vertreten

- Mehrheit der Kirchen gehören der protestantischen (235) Richtung an

- Die meisten Mitgliedkirchen sind in Afrika (89), Europa (81) und Asien (73) angesiedelt

- Mehr als 60 % der Mitgliedskirchen kommen aus dem Süden

Das Selbstverständnis des ÖRK

Als Bezugspunkt bzw. als gemeinsamen Nenner berufen sich die Mitgliedskirchen des ÖRK auf eine Basisformel, die Erklärung von Toronto aus dem Jahr 1950

Die Basisformel des ÖRK lautet:

„Der Ökumenische Rat der Kirchen ist eine Gemeinschaft von Kirchen, die den Herrn Jesus Christus gemäß der Heiligen Schrift als Gott und Heiland bekennen und darum gemeinsam zu erfüllen trachten, wozu sie berufen sind, zur Ehre Gottes, des Vaters, des Sohnes und des Heiligen Geistes."[1]

- man sieht bei dieser Formulierung, dass sich der ÖRK nicht selbst als eine Kirche bzw. sogar als eine Art Überkirche sieht, der ÖRK versteht sich als ekklesiologisch neutral
- von den Mitgliedskirchen wird nicht verlangt, dass sie ihre eigene Auffassung von Kirche relativieren, sie sollen nur anerkennen, dass in den anderen Kirchen Elemente der Kirche verwirklicht sind

6. Das Verhältnis der römisch-katholischen Kirche zur ökumenischen Bewegung

- bis Mitte des letzten Jahrhunderts war die Haltung der katholischen Kirche der ökumenischen Bewegung gegenüber distanziert, wenn nicht sogar ablehnend, was mit ihrem Selbstverständnis zu tun hat
- denn die katholischen Kirche beansprucht, die im Glaubensbekenntnis ausgesagte eine, heilige Kirche zu sein; in der römisch-katholischen Kirche sei die Einheit der Kirche Jesu Christi verwirklicht und braucht also nicht erst als Ziel ökumenischer Bewegungen wiedergewonnen zu werden
- alle, die nicht zur katholischen Kirche gehören, galten also als vom der wahren Kirche Abgefallene; damit bedeutete Ökumene das Bemühen, die Nichtkatholiken zurück in die Kirche Roms zu holen (man sprach auch von der „Rückkehr-Ökumene")
- Absage, die Papst Benedikt XV. der offiziellen Einladung zur Teilnahme an der ersten Internationalen Konferenz für Glauben und Kirchenverfassung (Mai 1919) erteilte:

---

[1] Neu-Delhi 1961, Stuttgart 1962. S.170.

- *„Die Ansicht des Vatikan ist, dass alle anderen Bekenntnisse sich von der Römischen Kirche, welche direkt von Christus herstammt, getrennt haben. Rom kann nicht zu ihnen gehen; es ist an ihnen, in den Schoß der Römischen Kirche zurückzukehren. "*[2]

- Diese ablehnende Haltung der ökumenischen Bewegung gegenüber verschärfte sich in der folgenden Zeit sogar noch und hielt über Jahrzehnte hinweg an

- Mit dem **II. Vatikanum** geschah die **entscheidende Öffnung Roms für die Ökumene**

- Die Öffnung der ökumenischen Bewegung gegenüber wurde nur durch eine Neubesinnung auf das Kirchenverständnis möglich => der Ausschließlichkeitsanspruch (also der Anspruch, mit der einen wahren Kirche Jesu Christi identisch zu sein) wurde in der Kirchenkonstitution „Lumen Gentium" des II. Vatikanums aufgegeben:

- „Diese Kirche, in dieser Welt als Gesellschaft verfasst und geordnet, ist **verwirklicht** in der katholischen Kirche, die vom Nachfolger Petri und von den Bischöfen in Gemeinschaft mit ihm geleitet wird."

- Es heißt darin nicht mehr, die einzig von Christus gemeinte Kirche sei (est) die römisch-katholische Kirche, sondern „ist verwirklicht" (subsistit) in der katholischen Kirche

- „Das schließt nicht aus, dass außerhalb ihres Gefüges vielfältige Elemente der Heiligung und der Wahrheit zu finden sind, die als der Kirche Christi eigene Gaben auf die katholische Einheit hindrängen."[3]

- Die Mitglieder nichtkatholischer Kirchen werden nicht mehr als „Häretiker oder Schismatiker" verstanden, sondern als „Brüder" (noch in der Enzyklika „Mystici corporis" von 1943 werden sie als „Heiden und öffentliche Sünder" bezeichnet!!!)

- Eine wesentliche ökumenische Weichenstellung war die Gründung des Sekretariats zur Förderung der Einheit der Christen; das bedeutendste ökumenische Ereignis die Aufhebung der gegenseitigen Exkommunikation zwischen Ost und West.

- Die Konfessionen wurden zu Kirchen und kirchlichen Gemeinschaften aufgewertet

- Gegenüber dem ÖRK verhält sich Rom zurückhaltend, hat aber 12 Mitglieder in der Konferenz für Glauben und Kirchenverfassung

- Gegen einen Beitritt Roms in den ÖRK spricht aber neben allen theologischen und ethischen Fragen auch das Zahlenverhältnis: Rom hat mehr Mitglieder als alle Gliedkirchen des ÖRK zusammen und würde im ÖRK ein erdrückendes Übergewicht erhalten

---

[2] Zitiert nach: Neuner, Peter: Kleines Handbuch der Ökumene. Düsseldorf 1984. S.73.
[3] Lumen Gentium Nr.8.

7

- 1 Milliarde Katholiken gegen ca. 450 Millionen Anglikaner, Orthodoxe und Protestanten

7. Das Ziel der Ökumenischen Bewegung – Einheitskonzeptionen

These von Reinhard Frieling:

„Die unterschiedlichen Vorstellungen von der Einheit der Kirche sind das größte Hindernis für die Einheit der Kirche."[4]

Das konfessionelle Problem: Welche Einheit wollen wir?

Traditionelle Einheitsvorstellungen der Kirchen

Die großen Kirchen haben jeweils eine ganz individuelle Vorstellung von Einheit:

Das orthodoxe Modell

⇨ besonders schwierig zu greifen, da es keine genau festgelegte orthodoxe Lehrmeinung gibt

⇨ Hauptgedanken: die Einheit der Kirche ist verloren und muss wieder erlangt werden

⇨ Grund für den Einheitsverlust ist, dass die anderen Kirchen die Tradition der alten Kirche nicht bewahrt haben (Tradition der Kirche der ersten 7 ökumenischen Konzile)

⇨ Konsequenz: Alle Kirchen müssen zur Tradition der alten Kirche zurückkehren

⇨ Orthodoxe Kirche macht ihre Position klar deutlich:

⇨ „Jedoch weist die orthodoxe Kirche in Treue zu ihrer Ekklesiologie, zur Identität ihrer inneren Struktur und zur Lehre der ungeteilten Kirche…den Gedanken einer „Gleichheit der Konfessionen" weit von sich und vermag nicht, die Einheit der Kirche als Ausgleich (rajustement/ Angleichung) zwischen den Konfessionen zu verstehen. In diesem Sinne kann die gesuchte Einheit…nicht einfach das Ergebnis theologischer Übereinkünfte sein. Gott ruft jeden Christen zur Einheit des Glaubens, so wie sie im Mysterium und in der Tradition innerhalb der Orthodoxen Kirche gelebt wird."[5]

⇨ Besonders wichtig ist der Orthodoxie die apostolische Sukzession, die Einheit der einzelnen orthodoxen Kirchen wird gewährleistet durch die Einheit der Bischöfe untereinander (bei den orthodoxen ist Kirche jeweils als Ortskirche unter Führung des jeweiligen Bischofs organisiert)

Das röm.-kath. Modell

⇨ Einheit setzt Übereinstimmung im Glauben (Predigt des Evangeliums und Verwaltung der Sakramente voraus) => darin Übereinstimmung mit evangelischer und anglikanischer Kirche

⇨ Hinzu kommt ⇒ Lehr- u. Jurisdiktionsprimat des römischen Bischofs, Einheit nur „mit und unter" dem Papst

---

[4] vgl. Frieling, Reinhard: Der Weg des ökumenischen Gedankens. Göttingen 1992. S.257.
[5] 3. Panorthodoxe Vorkonziliare Konferenz in Chambésy (Schweiz 1986). In: Episkepsis No 369/ 15.12.1986.

Das reformatorische Modell:

⇨ Definition der Einheit in der „Confessio Augustana" von 1530:

⇨ „Denn es genügt zur wahren Einheit der christlichen Kirche, dass das Evangelium einträchtig im reinen Verständnis gepredigt und die Sakramente dem göttlichen Wort gemäß gereicht werde."[6]

⇨ Kirche ist also überall dort verwirklicht, wo das Evangelium recht verkündet und die Sakramente, d.h. Taufe und Abendmahl gemäß der Einsetzung durch Jesus verwaltet werden

⇨ Confession Helvetica Posterior: „Die Einheit besteht nicht in Zeremonien und äußeren Gebräuchen (ritibus externis), sondern vielmehr in der Wahrheit und Einheit des allgemeinen Glaubens (fides catholica)."[7] => Freiheit in kirchlichen Traditionen

Das anglikanische Modell

⇨ lässt ziemlich große Differenzen zu; Hauptsache, 4 Bedingungen werden von den Kirchen erfüllt:

Voraussetzungen für Einheit:

1. den Glauben, dass die Heilige Schrift alles zum Heil Notwendige enthält

2. die Anerkennung der altchristlichen Glaubensbekenntnisse

3. die Anerkennung von Taufe und Abendmahl als von Christus eingesetzte Sakramente

4. die Anerkennung des historischen Bischofsamtes unter Anpassung an die Bedürfnisse der verschiedenen Gebiete und Völker

- mit jeder Kirche, die diese Bedingungen erfüllt, wissen sich die anglikanischen Bischöfe in Gemeinschaft; alles andere kann variabel bleiben, man kann es bei anderen akzeptieren, wenn es nur diese vier Grundpfeiler nicht infrage stellt (das geht so weit, dass die anglikanische Kirche volle Kirchengemeinschaft mit den Altkatholiken aufnehmen konnte, obwohl die altkatholische Kirche 7 Sakramente anerkennt)

- unabdingbar: die apostolische Sukzession als äußeres Zeichen für Kontinuität und Apostolizität (wie Orthodoxie)

---

[6] CA VII, BSLK, S.61.
[7] Jacobs, P.: Reformierte Bekenntnisschriften und Kirchenordnungen. Neukirchen 1949. S.218.

9

Das große Problem besteht immer in der Frage, wie viel Vielfalt und Vielgestaltigkeit möglich ist, ohne dass das Ziel der Einheit gefährdet wird.

Grundsätzlich gibt es 3 Modelle, wie Einheit gestaltet sein kann:

1) als organische Union

2) das Gegenmodell: als Föderation / Gemeinschaft in Gegensätzen

3) als Kompromiss von beidem: Strukturelle Einheitsmomente bei bleibender konfessioneller Verschiedenheit

Diese Grundmodelle sind im Laufe der Geschichte der ökumenischen Bewegung variiert, ergänzt und mit neuen Akzenten versehen worden.

Grundsätzlich stimmen alle beteiligten Kirchen in 3 Dingen überein[8]:

1) Ökumenische Grundüberzeugung: Einheit der Kirche ist Gottes Wille

2) Ökumenischer Indikativ: Einheit der Kirche ist Gottes Gabe, die allem ökumenischen Bemühen vorgegeben ist

3) Ökumenischer Imperativ: Einheit der Kirche muss sichtbar werden (Ziel des ökumenischen Bemühens)

Lausanne 1927: Extrempositionen Organische Union – Föderation

⇨ Diese beiden Modelle standen sich auf der Vollversammlung von Glauben und Kirchenverfassung 1927 in Lausanne gegenüber, letztendlich wurde keines von beiden in seiner ursprünglichen Form umgesetzt

⇨ Lange Zeit jedoch war die organische Union das Ideal der Einheitsbemühungen

1) Gemeinschaft in Gegensätzen (auch Föderation genannt)

⇨ Verzicht auf strukturelle Einheit

⇨ Höchstens gemeinsame Diensteinrichtungen, institutionalisierte Formen des theologischen Austauschs und hin und wieder ökumenische Gottesdienste

⇨ Einheit als gemeinsame Berufung auf Christus, Verpflichtung zum Dienst in der Welt und als lebendiger kirchlich-theologischer Dialog => die praktische Zusammenarbeit stand im Vordergrund (missionarisches Handeln)

⇨ Überwindung der dogmatischen Gegensätze wird nicht angestrebt

---

[8] vgl. Meyer, Harding: Ökumenische Zielvorstellungen. Bensheimer Hefte 78. Göttingen 1996. S.57.

⇨ „In ihren eigenen Augen wie in den Augen derer, die sie von außen betrachten, bleiben die in Beziehung stehenden Kirchen deutlich voneinander unterschieden (distinct). Sie agieren als selbstständige Körperschaften (separate bodies). Man kann weiterhin ihre besondere Geschichte beschreiben."

⇨ Einheit ist dann erreicht, wenn trotz oder gerade in den konfessionellen Gegensätzen eine geschwisterliche Gemeinschaft sichtbar werde

⇨ Von den reformatorischen Kirchen bevorzugt

Als Gegenmodell dazu, besonders von den Anglikanern geschätzt:

2) Organische Union

➢ auf der Weltkonferenz in Edinburgh 1937 als ideale Verwirklichung des ökumenischen Endziels betrachtet

⇨ möglichst viel strukturelle Einheit (gemeinsames Glaubensbekenntnis, gemeinsames Verständnis und Praxis von Amt und Sakrament, gemeinsame Organisation)

⇨ die bislang getrennten Kirche geben ihre alte Identität auf und werden zu einer völlig neuen Kirche zusammengeschmolzen (körperschaftliche Vereinigung)

⇨ Beispiel aus der Praxis

➢ „Kirche von Südindien" (Church of South India), zu der sich 1947 reformierte, methodistische und anglikanische Kirchen des südindischen Raums zusammenschlossen

➢ man wollte in diesen Missionsgebieten die Spaltungen des abendländischen Christentums im 16. Jh. nicht mehr ungefragt übernehmen und schloss eine Kirchenunion

➢ die Einheit aller Christen in der Region schien wichtiger als die Einheit mit den Mutterkirchen, aus denen sie hervorgegangen sind, Einheit wurde verstanden als Einheit am Ort

Das Modell der organischen Union wurde in der Einheitserklärung von Neu-Delhi aufgegriffen und entfaltet.

3) Einheitserklärung von Neu Delhi 1961: „Alle an einem Ort"

- war ein entscheidender Schritt für die ökumenische Bewegung, alle späteren Einheitserklärungen basieren auf dieser Erklärung

- Grundstein für alle späteren Einheitsmodelle – obwohl diese zum Teil recht unterschiedlich waren

- „Wir glauben, dass die Einheit, die zugleich Gottes Wille und seine Gabe an die Kirche ist, sichtbar gemacht wird, indem alle an jedem Ort, die in Jesus Christus getauft sind und ihn als Herrn und Heiland bekennen, durch den Heiligen Geist in eine völlig verpflichtete Gemeinschaft geführt werden."[9]

- Kirchen werden geeint durch:
  - ➤ gemeinsames Glaubensbekenntnis
  - ➤ Übereinstimmung über die Sakramente und das Amt
  - ➤ gemeinsame Verkündigung
  - ➤ gemeinsame Struktur
- die Einheit der Kirchen am Ort wurde besonders betont, mit dem Gedanken, dass Einheit vor allem da sichtbar und erfahrbar werden muss, wo sich Christen in beruflichen, gesellschaftlichen und nationalen Bezügen begegnen
- eigentlich bedeutete das Aufhebung der Konfessionen, allenfalls Beibehaltung verschiedener Richtungen innerhalb einer einzigen Kirche
- hier griff man auf das Beispiel der „Church of South India" zurück
- Ziel der Einigungsbemühungen: Einheit an jedem Ort in organischer Union, gemeinsame Struktur

In den Jahren nach Neu-Delhi stellten sich kritische Fragen:

➤ Soll man die weltweite Einheit der Konfessionen zugunsten der Einheit am Ort aufgeben oder vernachlässigen?

➤ Wird die Einheit nicht zu sehr „zerstückelt" und atomisiert, wenn sie sich auf den Ort beschränkt?

So entstand im Laufe der Geschichte der ökumenischen Bewegung eine Vielzahl neuer Einheitsmodelle, die das Einheitsverständnis von Neu-Delhi erweiterten und neue Akzente setzten.

4) Uppsala 1968 / Nairobi 1975: Das Modell der „konziliaren Gemeinschaft"
Motto: „Auf dem Weg zur Einheit"

- ist im Prinzip eine Ergänzung des Modells von Neu-Delhi, indem die universale Dimension kirchlicher Einheit stärker betont wird
- „Die eine Kirche ist als konziliare Gemeinschaft von Ortskirchen (local churches) zu verstehen, die ihrerseits tatsächlich vereinigt sind. In dieser Gemeinschaft hat jede der Ortskirchen zusammen mit den anderen volle Katholizität, sie bekennt denselben

---

[9] Neu-Delhi 1961. S.130.

apostolischen Glauben und erkennt daher die anderen als Glieder derselben Kirche Christi an, die von demselben Geist geleitet werden."[10]

- Ortskirchen sind konfessionell geeint => Konziliarität meint keine Aufgabe des Modells der organischen Union: „Die konziliare Gemeinschaft bedarf der organischen Union. Daher lässt sich die Vision einer solchen Gemeinschaft nur dann verwirklichen, wenn die Kirchen bereit sind, sich den Voraussetzungen und Forderungen der organischen Union auf allen Ebenen zu stellen."[11] (Salamanca-Bericht)

- gegenwärtige Ökumene wird als Übergangslösung gesehen, bis die Ökumene dann in vollendeter Form verwirklicht ist; man soll auf diese Zeit hinarbeiten, wenn ein „wirklich universales Konzil wieder für alle Christen sprechen und den Weg in die Zukunft weisen kann."[12]

- Aufnahme des Konzilsbegriffs (biblischer und altkirchlicher Hintergrund: der erste große Streit in der Christenheit über die juden- und heidenchristlichen Gemeinden war beim Apostelkonzil in Jerusalem gelöst worden!), aber unterschiedliche Füllung

- Orthodoxe: Einmütigkeit in Glaube, Sakrament, Amt, Bischöfe als Konzilsteilnehmer; Protestanten: Synoden, an denen ordinierte und nichtordinierte Gemeindemitglieder mitwirken

Zielvorstellung:

Ziel ist eine Kirche, die ihre universale Gemeinschaft mit allen Kirchen dadurch zum Ausdruck bringt, dass die organisch geeinten Ortskirchen untereinander „konziliar" verbunden sind[13]

Nach der allgemeinen Aufbruchstimmung von Neu-Delhi (unter anderem waren die meisten orthodoxen Kirchen dem ÖRK beigetreten, in Rom liefen die Vorbereitungen für das 2. Vatikanische Konzil) kam eine Phase der Ernüchterung.

Man merkte, dass einer Einheit der Kirchen in Glaubensfragen und Lehre mehr Schwierigkeiten und Probleme entgegenstanden als angenommen.

So entstand eine neue Richtung, der so genannte Säkularökumenismus

---

[10] Bericht aus Nairobi 1975. S.26.
[11] Wandernde Horizonte. Auf dem Weg zu kirchlicher Einheit. Hg. von R. Groscurth. Frankfurt 1974. S.170.
[12] Bericht aus Uppsala 1968. S.14.
[13] vgl. Neuner, Peter: Handbuch der Ökumene. S.287.

5) Säkularökumenismus

Motto: „Der Glaube trennt, die Praxis eint."

- Weltverantwortung, gemeinsames soziales Engagement statt Konzentration auf die Aufarbeitung von Differenzen in der Lehre
- Schlagwörter: Frieden, Gerechtigkeit, später auch Ökologie => soziale und politische Aktionen, Antirassismusprogramme etc.

- Wenn die Christen aller Konfessionen an diesen globalen Problemen zusammenarbeiten, führt das gleichzeitig die Kirchen zusammen => „indirekte Ökumene"[14] (J.B. Metz)
- Aber: man stellte fest, dass die Kirchen auch in praktischen bzw. sozialen Fragen häufig verschiedener Meinung waren – also war auch dieses Modell nicht besonders erfolgsversprechend

In den Modellen der organischen Union und der konziliaren Gemeinschaft war man immer daran interessiert, die Konfessionen zu überwinden.

Andererseits hatten die Konfessionen schon wichtige Erfolge für die Ökumene erzielt, indem sie eine weltweite Gemeinschaft zwischen Kirchen gleichen Bekenntnisses erreicht hatten.

Frage: Soll man diese Einheit nun einfach auflösen, zugunsten organischer Unionen jeweils am Ort? So tauchte die völlig neuartige Vorstellung einer „versöhnten Verschiedenheit" auf.

6) Dar-es-Salam 1977 (Vollversammlung des LWB): Das Modell der „versöhnten Verschiedenheit"

Motto: „Einheit in versöhnter Verschiedenheit"

- es geht hier nicht mehr darum, die konfessionellen Identitäten und Traditionen aufzuheben und statt dessen eine neue Union zu gründen
- die jeweiligen Besonderheiten der Konfessionen sollen bewahrt, aber miteinander versöhnt werden: „Wir erachten das vielgestaltige konfessionelle Erbe für legitim, weil sich die Wahrheit des einen Glaubens in der Geschichte in einer Vielzahl von Ausdrucksformen äußert."[15]
- die Verschiedenheiten werden nicht ausgelöscht, aber auch nicht unverändert beibehalten, die Einheit soll nicht im „Unsichtbaren" stattfinden

---

[14] J.B. Metz: Reform und Gegenreformation heute. Mainz 1969. S.33ff.
[15] abgedruckt in: G. Gassmann / H. Meyer: Die Einheit der Kirche. Voraussetzung und Gestalt. LWB-Report Nr.15, Juni 1983. S.55f.

Wie wird Versöhnung und damit Einheit realisiert?

- gegenseitige Anerkennung der Taufe und der kirchlichen Ämter
- Herstellung eucharistischer Gemeinschaft > Grundkonsens im Glauben
- Einheit in Zeugnis und Dienst, gegenseitige Ergänzung und Bereicherung
- Bisher kirchentrennende Hindernisse sind zu überwinden, gegenseitige Verwerfungen zurückzunehmen
- Aber keine organisatorische Einheit nötig, keine einheitliche Institution
- Wie die Konfessionen mit unversöhnlichen Gegensätzen umgehen sollen, die es trotz eines Grundkonsenses gibt, wird nicht gesagt
- Vorwurf, dass nur der Status Quo beibehalten wird

Beispiel für „versöhnte Verschiedenheit" in der Praxis:

Konvergenzerklärungen von Lima 1982 über Taufe, Eucharistie und Amt[16]

⇨ Formulierung von Konvergenzen, was z.b. die Bedeutung der Eucharistie angeht oder die Art der Gegenwart Christi

Zielvorstellung

Ziel ist, dass die Differenzen zwischen den Konfessionen „ihren trennenden Charakter verlieren und miteinander versöhnt werden können zu einer verpflichteten ökumenischen Gemeinschaft, die in sich auch konfessionelle Gliederungen bewahrt."[17]

- die sehr unterschiedlichen Vorstellungen (organische Union versus versöhnte Verschiedenheit) waren kaum miteinander zu vermitteln, eine Lösung schien nicht sichtbar
- man hatte nun zwar einige Konsens- und Konvergenzpapiere formuliert, die aber im Prinzip nichts an der Spaltung der Kirchen änderten
- Bedeutete das ein Ende der „Konsensökumene"?
- Suche nach neuen Möglichkeiten einer Gemeinschaft, auch bei nicht versöhnbaren Gegensätzen und trotz bleibender Widersprüche

Interessant ist in diesem Zusammenhang der Rahner-Fries-Plan von 1983

- die einzelnen Kirchen müssen – sozusagen als gemeinsame Basis – in den sogenannten grundlegenden Glaubensinhalten des Christentums übereinstimmen (Heilige Schrift, apostolisches Glaubensbekenntnis, Bekenntnisse von Nizäa und Konstantinopel)

---

[16] In: Dokumente wachsender Übereinstimmung. Hg. von H. Meyer, H.J. Urban und L. Vischer. Bd.1. Paderborn, Frankfurt 1983. S.545-585.
[17] Offizieller Bericht. S.205.

- Keine Teilkirche darf einen Satz verwerfen, der in einer anderen Teilkirche ein verpflichtendes Dogma ist (natürlich darf die konfessionsspezifische Praxis einer Konfession nicht dem Evangelium widersprechen!!!)
- Prinzip der Nichtverwerfung => Legitimation von Vielfalt[18]

Legitimation von Vielfalt ist auch das Prinzip des Modells „Ökumene in Gegensätzen":

7) Ökumene in Gegensätzen

Motto: „Streiten verbindet" (Hans-Martin Barth)[19]

- Ausgangspunkt: die Lehrkonsense, die aus den Dialogen hervorgegangen sind, werden von den Kirchen nicht aufgegriffen
- Es stellt sich die Frage, ob die bisherige Zielsetzung nicht zu hoch angesetzt war: Alternative zur Konsensökumene?
- man geht davon aus, dass die einzelnen Konfessionen und die kirchentrennenden Gegensätze bestehen bleiben
- es ist nun zu überlegen, wie man Ökumene im Hinblick auf diese Pluralität gestalten kann

Wie wird „Einheit" realisiert?

- die Konfessionen sollen sich gegenseitig zugestehen, verschieden und gegensätzlich zu sein; Differenzen müssen nicht überwunden werden, sondern sie sollen angenommen werden
- die Einheit soll im Prozess der Auseinandersetzung selbst gesucht werden, Dialog ist nicht mehr nur Mittel zur Einigung, sondern „Vollzug der Einheit selbst"

Zielvorstellung

Ziel ist nicht Konsens oder Versöhnung, sondern „aus Verschiedenem und Gegensätzlichem den einen lebendigen Glauben zu vernehmen."[20]

Auch das Modell einer „Einheit in Gegensätzen" wurde nicht allgemein akzeptiert, die Suche nach einem geeigneten Einheitsmodell setzte sich fort.

Das derzeitig aktuelle und weithin anerkannte Einheitsmodell ist das der Koinonia, das zwar im Wesentlichen gegenüber der Neu-Delhi-Erklärung nichts Neues bringt, aber tiefer in das

---

[18] Schmidt-Leukel, Perry: Grundkurs Fundamentaltheologie. S.252.
[19] Barth, Hans-Martin: „Alle eins" oder „Streiten verbindet"? In: Deutsches Pfarrerblatt 83 (1983). S.474-477.
[20] Deutscher Ökumenischer Studienausschuss: Theologie der Ökumene – ökumenische Theoriebildung. In: ÖR 37 (1988). S.214.

bisherige Einheitsverständnis hineinführt. Die Einheit der Kirche wird nämlich von innen, das heißt, vom Wesen der Kirche her erschlossen

8) Canberra 1991 / Santiago de Compostella 1993: Das Modell der Koinonia
Motto: Einheit in Gemeinschaft
Bedeutung des Begriffs
- „koinonia" entspricht dem neutestamentlichen Begriff „communio" (=Gemeinschaft) und muss vor dem Hintergrund der biblischen und altkirchlichen Verwendung verstanden werden
- dort bedeutet „communio" erst mal nicht „Gemeinschaft der Christen", sondern ist zunächst eine Aussage über Gott selbst (Gemeinschaft und Einheit der 3 göttlichen Personen; jede der göttlichen Personen hat ihr Sein darin, dass sie über sich hinaus ist und bezogen auf die anderen Personen, zu ihnen in Relation steht)

Begründung des Modells
- aus der Trinität Gottes wird also die Idee von Einheit als Gemeinschaft abgeleitet
- Kirche gründet also in der Gemeinschaft der göttlichen Personen: *„So wie der Vater, der Sohn und der Geist aufeinander bezogen sind und in ihren Relationen zueinander existieren, so ist auch die Einheit der Kirche zu denken."*[21]
- Kirche kann nur in Vielfalt und Dialog, als Einheit in Gemeinschaft leben, jeder ist auf den anderen verwiesen, lebt auf ihn hin und durch ihn
- Damit hat der Koinonia-Gedanke auch eine „lebenspraktische" Bedeutung, indem er auffordert zu gegenseitiger Solidarität, Anteilnahme, Miteinanderteilen etc.=> das wiederum bedeutet, dass Einheit sichtbar wird (häufige Forderung)
- „So verbinden sich im Verständnis von Kirche als Koinonia Glaube und ethisches Handeln."[22]Meyer 83.

Wie wird „Einheit" realisiert, wie kommt Einheit zum Ausdruck?
Die Einheit als „koinonia" kommt zum Ausdruck (laut Offiziellem Bericht, 174)
- im gemeinsamen Bekenntnis des apostolischen Glaubens
- in einem gemeinsamen sakramentalen Leben (Taufe, Eucharistie)
- in einem gemeinsamen Leben, in dem Glieder und Ämter gegenseitig anerkannt und versöhnt sind
- in einer gemeinsamen Sendung, in der allen Menschen das Evangeliums von Gottes Gnade bezeugt und der ganzen Schöpfung gedient wird

---

[21] Neuner, Peter: Ökumenische Theologie. Darmstadt 1997. S.295.
[22] Meyer, Harding: Ökumenische Zielvorstellungen. Göttingen 1996. S.83.

- offen bleibt, was sich die einzelnen Konfessionen unter einem gemeinsamen Leben vorstellen, in dem Glieder und Ämter gegenseitig anerkannt und versöhnt sind; es ist bislang kein konkretes kirchentrennendes Problem gelöst worden

„Die volle Gemeinschaft wird auf der lokalen wie auf der universalen Ebene in konziliaren Formen des Lebens und Handelns zum Ausdruck kommen. In einer solchen Gemeinschaft sind die Kirchen in allen Bereichen ihres Lebens auf allen Ebenen miteinander verbunden, im Bekennen des einen Glaubens und im Zusammenwirken in Gottesdienst und Zeugnis, Beratung und Handeln."[23]

Zielvorstellung

„Zielvorstellung ist nicht eine organisatorische Universalkirche, sondern eine Gemeinschaft von Kirchen, von denen jede im vollen Sinn das Kirche-Sein realisiert und darin von allen anderen anerkannt wird und in ihrer Bezogenheit auf die anderen Orts- oder Teilkirchen die universale Kirche konstituiert."[24]

- Einheit ist also realisiert, wenn alle Kirche in den anderen Kirchen die „eine heilige, katholische und apostolische Kirche erkennen können"[25]

---

[23]Bericht aus Canberra 1991. 2.1.
[24] Neuner, Peter: Ökumenische Theologie. S.296.
[25] Bericht aus Canberra 1991. S.173-176.

Literaturliste

- Neuner, Peter: Ökumenische Theologie. Die Suche nach der Einheit der christlichen Kirchen. Darmstadt 1997.
- Neuner, Peter; Kleinschwärzer-Meister, Birgitta: Kleines Handbuch der Ökumene. Düsseldorf 2002.
- Grundkurs Ökumene. Hg. von Michael Kappes und Michael Fassnacht. Bd.1. Kevelaer 1998.
- Raiser, Konrad: Ökumene im Übergang. Paradigmenwechsel in der ökumenischen Bewegung. München 1989.
- Nach Gott im Leben fragen. Ökumenische Einführung in das Christentum. Hg. von Ulrike Link-Wieczorek, Ralf Miggelbrink, Dorothea Sattler u.a. Freiburg im Breisgau 2004.
- Schmidt-Leukel, Perry: Grundkurs Fundamentaltheologie. Eine Einführung in die Grundfragen des christlichen Glaubens. München 1999.
- Meyer, Harding: Ökumenische Zielvorstellungen. Bensheimer Hefte 78. Göttingen 1996.
- Frieling, Reinhard: Der Weg des ökumenischen Gedankens. Eine Ökumenekunde. Göttingen 1992.
- www.wcc.org   Letzter Zugriff: 15.01.06

Berichte von Weltkirchenkonferenzen

Neu Delhi 1961: Willem A. Visser `t Hooft (Hg.): Neu Delhi 1961. Dokumentarbericht über die Dritte Vollversammlung des ÖRK. Stuttgart 1962.

Uppsala 1968: Norman Goodall/Walter Müller-Römheld (Hg.): Bericht aus Uppsala 1968. Offizieller Bericht über die Vierte Vollversammlung des ÖRK. Genf 1968.

Nairobi 1975: Hansfried Krüger und Walter Müller-Römheld (Hg.): Bericht aus Nairobi 1975. Ergebnisse – Erlebnisse – Ereignisse. Offizieller Bericht der 5. Vollversammlung des ÖRK in Nairobi/Kenia. Frankfurt am Main 1976.

Canberra 1991: Walter Müller-Römheld (Hg.): Im Zeichen des Heiligen Geistes. Bericht aus Canberra 1991. Offizieller Bericht der 7. Vollversammlung des ÖRK. Frankfurt am Main 1991.